Henrik Lange

Comment écrire un polar suédois sans se fatiguer

çà et là

Comment écrire un polar suédois sans se fatiguer
de Henrik Lange
Titre original : *Lektioner i mord*
Édition originale : Kartago Förlag, Suède

Traduction et lettrage : Hélène Duhamel
Relecture : Ana Sinde

Dépôt légal : octobre 2015
Imprimé sur les presses d'Euroteh (Slovénie)
ISBN : 978-2-36990-219-5
Première édition

Éditions çà et là
6, rue Jean-Baptiste Vacher
77600 Bussy-Saint-Georges
www.caetla.fr

Tu es si joli, mon cher petit poney,
Comme tu es joli, mon cher petit cheval.
Tu parles peu, mon cher petit poney,
Mais tu es celui que je préfère.

(Comptine suédoise de Gullan Bornemark)

Duo vero in finem omnia farciminis.

Car je rafraîchirai l'âme alterée,
Et je rassasierai toute âme languissante.

(Jér. 31,25)

So if you are in sight and the day is right
She's a hunter you're the fox
The gentle voice that talks to you
Won't talk forever

(Ace of Base, *All That She Wants*)

Préface

Dans le roman noir américain, le privé, toujours désabusé, alcoolique, *serial smoker*, séducteur, fonçait avec sa décapotable sous le soleil de Californie pour forcer une solution à coups de poing et de Colt. Dans le polar suédois, plus de détective privé mais un inspecteur, proche de la retraite, mal rasé et au riche embonpoint car il force un peu trop sur les plats de pommes de terre en sauce, de boulettes de viande (les fameuses *köttbullar*) et de fricassée d'élan, le tout largement arrosé d'aquavit. *Serial smoker*, il l'est aussi, mais il a largement dépassé le stade d'être désabusé pour devenir un dépressif chronique. Ce policier, mal compris de ses collègues et du chef de la police, est (mal) divorcé, (mal) aimé de sa progéniture, il s'occupe mal de son intérieur et passe de longues soirées solitaires à ruminer. Là où son collègue littéraire américain trace son chemin à coups de poing, de feu et à la vitesse de l'éclair, l'enquêteur suédois pratique le *slow*. Peu de bagarres et il ne se sert quasiment jamais de son arme de service. L'éloge de la lenteur est une des caractéristiques de l'atmosphère lourde de ces polars. Entre les mains d'un Henning Mankell et de son personnage Wallander, on atteint des sommets, mais, avec d'autres, on sent que les leçons ont été bien apprises, trop bien même, pourrait-on dire...

En Suède, les ateliers d'écriture font florès et beaucoup sont consacrés au roman policier. Certains des auteurs les plus célèbres du pays, comme Camilla Läckberg, ont suivi de tels enseignements. Henrik Lange dynamite tout cela avec impertinence et joyeuseté, tout en démontrant son immense amour pour le genre. Tout au long de ce « faux » manuel d'écriture, ses intermèdes, où il résume de complexes classiques du polar suédois en quatre images, sont de purs chefs-d'œuvre. Il ne nous donne qu'une seule et impérieuse envie, c'est de nous replonger tout de suite dans l'atmosphère des plus grands maîtres, tels que Maj Sjöwall et Per Wahlöö, Stieg Larsson ou Henning Mankell.

Stéphane Bourgoin

Spécialiste du polar et des tueurs en série, il a signé *Polar, mode d'emploi : manuel d'écriture criminelle* aux éditions Encrage. Ses dernières publications sont *Qui a tué le Dahlia Noir ?* (Ring, 2014) et *La Bible du crime* (La Martinière, 2015).

L'intrigue de ce livre se déroule à Bollebygd. Cette ville existe bel et bien, mais l'histoire et ses personnages sont fictifs. Toute ressemblance avec des personnes réelles ne saurait être que pure coïncidence – ou alors les personnes en question ne peuvent s'en prendre qu'à elles-mêmes.

Il peut sembler impossible d'expliquer comment écrire un polar suédois. Si vous demandez à des écrivains suédois comment faire, vous risquez d'obtenir autant de réponses que de livres qu'ils ont écrits...

Mais d'une façon ou d'une autre, toutes leurs réponses vous mèneront à la conclusion suivante : quelqu'un est mort et quelqu'un d'autre doit découvrir pourquoi.

Une lune est
toujours bienvenue.
NOOOON

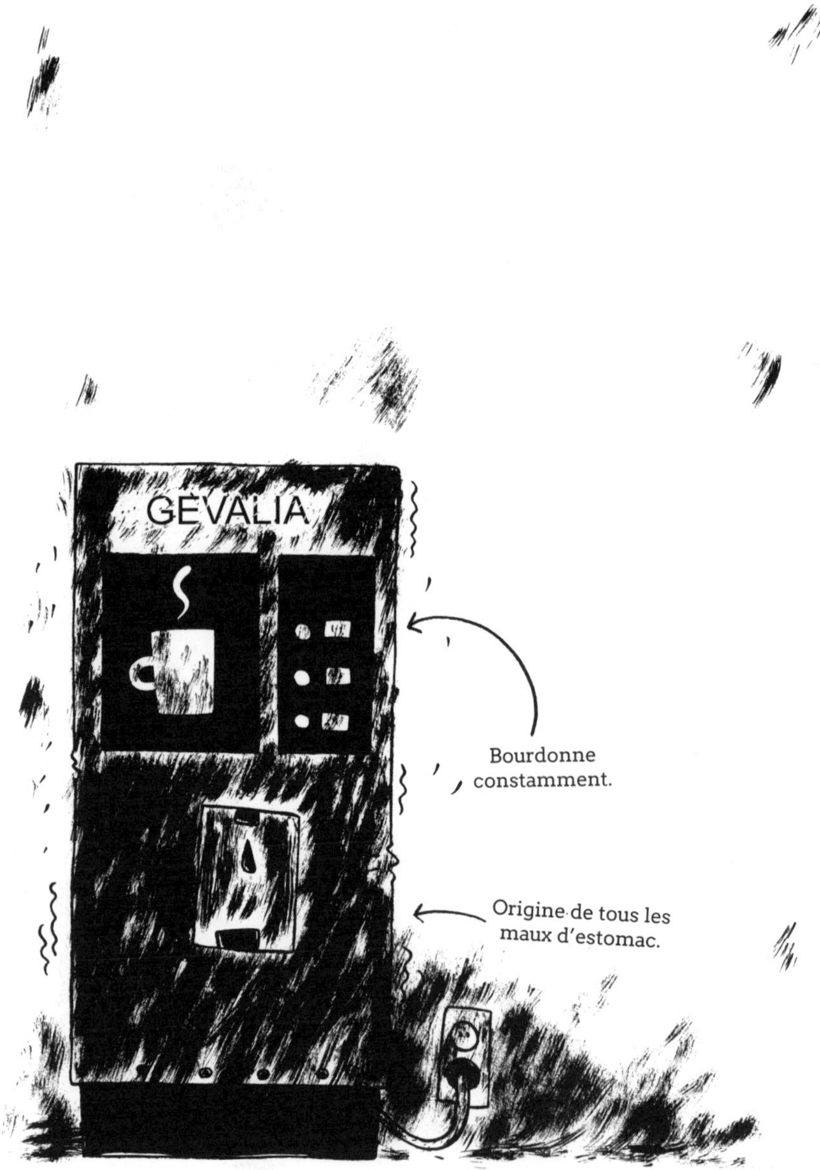
GEVALIA
Bourdonne constamment.
Origine de tous les maux d'estomac.

QUOI, QU'EST-CE QUE VOUS DITES ? UN CADAVRE DE FILLETTE ? J'ARRIVE TOUT DE SUITE !
A des tonnes de travail.
Photo de chien.
Gobelet en plastique.
Burger bien gras.
Alcool fort.
Pilules.
PIZZA

Mais ce « quelqu'un est mort et quelqu'un d'autre doit découvrir pourquoi », est-ce vraiment aussi simple ? Honnêtement, oui. Vous allez juste devoir remplir le livre de fadaises et d'inepties, de façon à ce que l'histoire ne se termine pas au bout de deux pages.

Mais commençons donc par le début.

Il devrait toujours y avoir une lumière chaleureuse émanant d'une cabane.

L'ex-femme appelle toujours au mauvais moment.

Citez toujours la marque de la voiture.

Le début

Tout auteur de polars souhaite que le public voie son livre comme une œuvre supérieure aux polars lambda. Mais un polar reste un polar, peu importe la façon dont on le voit.

Néanmoins, il est possible de donner au livre une sorte de vernis de magnificence culturelle, en incluant une préface écrite par une célébrité du genre. Vous pouvez également avoir, au dos de la couverture, une citation d'une personnalité de la télévision, ce qui vous permettra éventuellement de passer plus tard dans son émission. Si jamais vous n'y parvenez pas, mettez un extrait de la préface.

En complément, vous pouvez placer quelque part un extrait de la Bible, qui n'aura absolument aucun rapport avec l'intrigue, mais qui poussera le lecteur à s'imaginer qu'il y a là un sens plus profond, et que la lecture sera une expérience particulièrement cérébrale.

Des paroles de chanson sont toujours bienvenues ; ainsi, si un réalisateur vient à lire votre livre, il pourra plus facilement visualiser l'adaptation de votre histoire en film, vu qu'il y aura déjà des suggestions de bande-son.

Ne manquez jamais d'inclure un extrait de comptine. L'alliance meurtre + rimes enfantines fonctionne toujours bien.

OH, WOW, UNE CITATION EN LATIN. CE TYPE CONNAÎT VRAIMENT SON AFFAIRE.
Un auteur de polar en herbe.

Le meurtre

Une histoire de meurtre doit, hélas, toujours inclure un meurtrier. Et comme les polars sont relativement courts, on conseille un début sur les chapeaux de roue, où le meurtre se produit dès la première page. Mais, à l'évidence, ce n'est pas le premier meurtre.

Pour économiser du temps et des pages, un autre meurtre a déjà eu lieu. Car rien n'est plus efficace pour mettre le lecteur sous tension. Surtout si la victime est un enfant.

MAIS JE SUIS TOUJOURS EN TRAIN D'ENQUÊTER SUR LE MEURTRE DU MONITEUR D'ÉQUITATION...
Juste pour accélérer l'histoire.
ASSUREZ-VOUS DE RÉSOUDRE CETTE AFFAIRE AVANT L'ARRIVÉE DES ESTIVANTS.
Le boss.
Totalement dénué de compassion. Ne pense qu'au pognon.
Mains dégoû-tantes.
Serre les poings dans ses poches.

Le lieu

Le choix du lieu où se déroule l'histoire est important, non pas pour l'intrigue, mais pour vous, en tant que futur auteur de polars. Prenez un petit endroit que presque personne ne connaît. Ainsi, une fois que votre livre sera publié, vous aurez davantage de chances de devenir une célébrité locale et de recevoir la distinction culturelle de la ville car, grâce à vous, le tourisme y aura progressé.

L'intérêt pour la cuisine suédoise ne cesse de croître hors de nos frontières. Sa réputation tient en grande partie au mélange des saveurs aigre et douce. Mélange que l'on retrouve, en quelque sorte, dans les polars suédois... et peut-être est-ce là une des raisons de leur succès à l'étranger.

Prenez une douce bourgade rurale
et ajoutez-y un crime bien aigre.

Journaliste.
UN MEURTRE ? EH BIEN, CE SONT DES CHOSES QUI ARRIVENT, MAIS... ICI, À BOLLEBYGD ? C'EST LA PIRE CHOSE QUI SOIT ARRIVÉE DEPUIS CETTE HISTOIRE DE TRAFIC DE GHB...

Et maintenant, un classique du polar suédois…

L'Homme au balcon

Maj Sjöwall et Per Wahlöö

(1967)

L'Homme au balcon
À l'usage des personnes pressées
Une vieille dame croise un homme qu'elle juge louche. Elle appelle les flics mais ceux-ci s'en fichent car ils sont occupés à rechercher un tueur d'enfants.
Mais ils ont beau faire, ils n'arrivent pas à trouver l'assassin.
Alors ils tentent le coup... La vieille dame leur indique où vit l'homme louche et, bim, c'est lui l'assassin.

Le temps

Le temps qu'il fait n'a pas vraiment d'importance dans un polar. Pour le personnage principal, n'importe quel temps sera toujours le mauvais : trop chaud, trop froid, trop venteux, trop clément, trop neigeux.

Et, de toute façon, si le livre vient à être adapté au cinéma – ce qui semble être l'unique but de son écriture –, le film baignera toujours dans un temps d'automne gris et lugubre, même si, dans le texte original, on était au plus fort de l'été et sous un soleil de plomb.

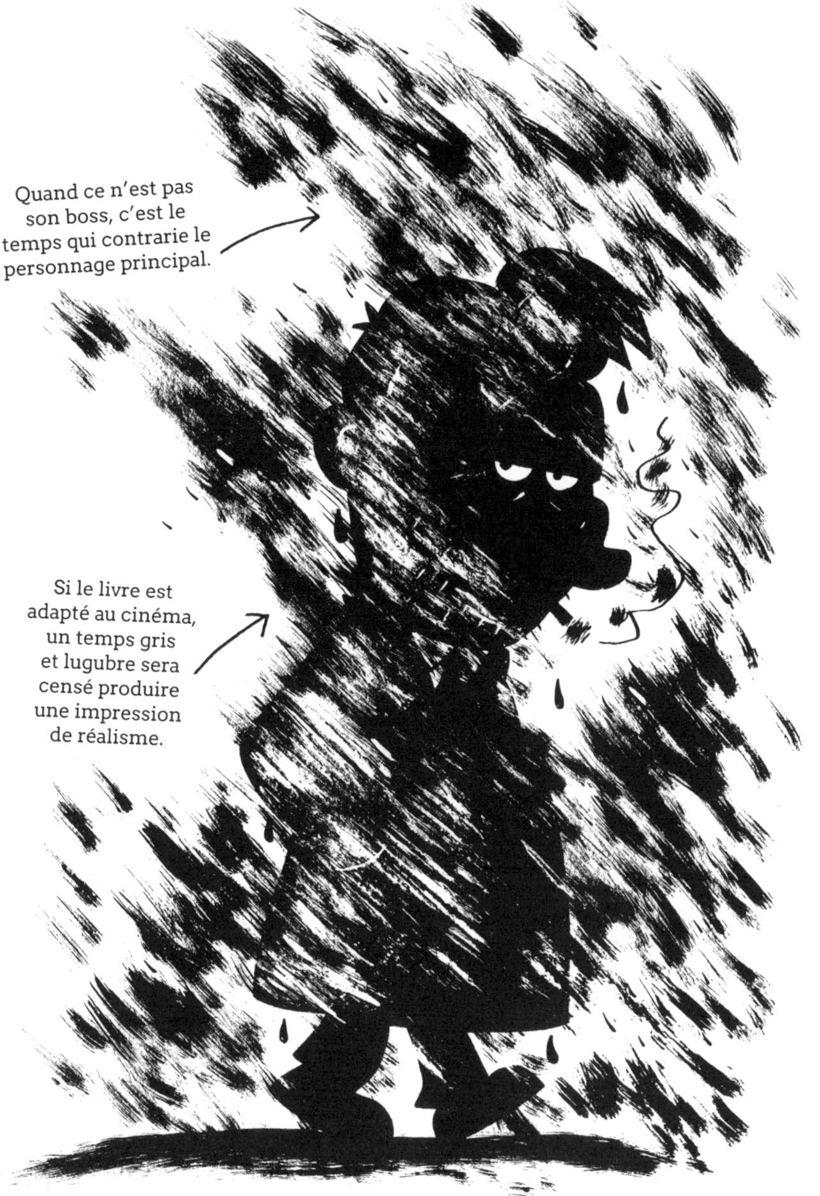
Quand ce n'est pas son boss, c'est le temps qui contrarie le personnage principal.
Si le livre est adapté au cinéma, un temps gris et lugubre sera censé produire une impression de réalisme.

Les personnages

Dans un polar, il est primordial de bien choisir les victimes de meurtres. Ce sont des personnages importants, quand bien même ils (ou elles) ont trépassé. Un enfant, cela fonctionne toujours bien. Mais pour que le livre devienne un vrai polar à succès, vous devrez apporter tout autant de soin au personnage principal, à sa psychologie, son apparence et sa biographie. Car il n'y a aucune limite au nombre de pages que vous pourrez remplir avec des histoires de divorces, de gueules de bois et de problèmes de pieds.

Le personnage principal

Åke Larsson
Né en 1960
Commissaire

L'innocent

En plus de la personne qui résout le meurtre, vous avez évidemment besoin d'un tueur pour compléter votre histoire. Néanmoins, cela ne suffit pas. Notre détective va rencontrer une succession de personnages louches qui, tous, feraient un bon coupable.

Commençons cependant par un individu qui est au-dessus de tout soupçon. À savoir celui qui procure à notre personnage principal non seulement de la nourriture, mais aussi de l'amour et de la compassion. Il est aussi innocent qu'un agneau, et ne peut donc raisonnablement être suspecté du meurtre d'un enfant.

Une réplique que vous comprendrez mieux si jamais il vous prend l'idée de relire le livre.
TOI ET TES HOT DOGS, VOUS CAUSEREZ MA PERTE.
Seule fois où il a l'air heureux.

Le boss pénible

La journaliste

La journaliste qui contrarie le boss n'a en général aucune importance dans l'intrigue. Mais si vous n'arrivez pas à terminer le livre, cette personne pourra toujours faire jaillir une solution comme par magie.

L'excentrique

Voilà un individu qui a toujours les idées les plus loufoques quant à l'identité du tueur. Personne ne le prend au sérieux, ni lui ni ses prédictions apocalyptiques. C'est dommage, il a toujours raison.

La vieille dame

Le vieux gâteux

Ce personnage, qui sent très fort, dit toujours les choses telles qu'elles sont. À propos de la société, de la politique ou de la vie privée du personnage principal. Ce qui pousse notre détective à dépenser beaucoup de temps et d'énergie pour le faire enfermer, lui plutôt que le meurtrier.

Le collègue

Cette personne est l'exact opposé de notre personnage principal. Il frappe d'abord et questionne ensuite.

La vie privée du détective

Pour essayer de remettre de l'ordre dans sa vie privée, notre détective doit, de temps à autre, passer un moment avec sa fille. Il est clair qu'il n'arrive pas à se détacher du boulot et qu'il est aussi inquisiteur que d'habitude. Le lecteur est enclin à croire que ces scènes avec sa fille sont une façon de faire avancer l'histoire en douceur... mais elles ne font que remplir des pages.

ATTENDEZ UNE MINUTE. PRINCE NOIR A ÉTÉ EUTHANASIÉ ? IL N'ÉTAIT MÊME PAS MALADE.
JE NE SAIS RIEN DE TOUT ÇA. C'EST L'ANCIEN MONITEUR D'ÉQUITATION QUI S'EN EST OCCUPÉ. CELUI QUI A ÉTÉ TUÉ.

Le premier indice

Sans même le savoir, notre détective est sur une piste. Pour le lui faire comprendre, il est temps de lui offrir un bon passage à tabac.

Et maintenant, un classique du polar suédois…

La Fête du cochon

Leif G.W. Persson

(1978)

La Fête du cochon
À l'usage des personnes pressées
Un hold-up, un accident de voiture, un meurtre. Les policiers Jarnebrink et Johansson découvrent une connexion, et un suspect.
Le suspect en question travaille au sein des forces de police, et un imbroglio impliquant une maison close et un ministre de haut rang est démêlé.
Mais l'affaire est classée.

Pourquoi écrire un polar ?

Nombreux sont ceux qui rêvent d'écrire un livre, et, pour ceux qui y parviennent, cela prend souvent la forme d'un polar. Vous souhaitiez peut-être, au départ, écrire un essai sur la technique de la dentelle au Moyen Âge, ou sur les insuffisances de la prise en charge des personnes âgées. Mais qui lirait ça ? Personne. Intégrez la chose à un polar et tout se passera bien.

Futur auteur.
Éditeur du genre obtus.
UN LIVRE SUR L'INDUSTRIE DE LA VIANDE... CE QUE CONTIENNENT VRAIMENT LES HOT DOGS... VOUS AVEZ PENSÉ À ÉCRIRE UN POLAR ?
Même type de tasse que celle du boss de notre détective. Vous voyez le truc.

Les polars suédois doivent inclure les scènes suivantes

Aussi vrai que le *smörgåsbord* se doit de comporter certains plats, le polar suédois a ses scènes incontournables. Commençons par un vrai classique :

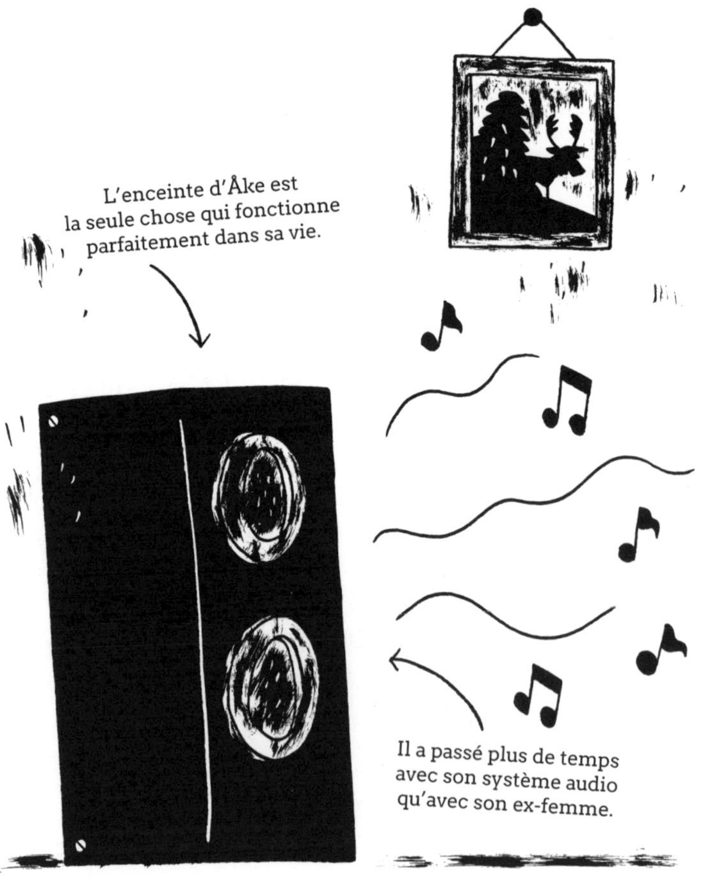

La scène du whisky et de la musique classique après le passage à tabac

La scène du jeter de nourriture quand survient un coup de fil important

Dans un polar, chaque fois que quelqu'un mange, il y a un coup de fil important qui l'empêche de finir son repas. Et la nourriture se voit, de préférence, jetée en l'air.

OK, LE RESTAURANT DE SUSHIS, J'ARRIVE ! BON DIEU, FAIS PAS DE CONNERIES.
Toutes les blessures se sont volatilisées d'un coup d'un seul.
Dites quelque chose pour vanter les mérites du téléphone.
Moutarde.
L'iPhone 6, c'est vraiment une tuerie.

La scène de conduite à grande vitesse

Dans un roman, le seul rôle de cette scène est de permettre à l'auteur de remplir des pages et des pages de descriptions, avec des noms de rues dont tout le monde se fiche et qui ne parlent à personne à part aux natifs du lieu où se déroule l'intrigue.

Dans la version film, le seul rôle de cette scène est de mettre en avant une marque de voiture.

Ici, un dessin a été réutilisé afin d'économiser du temps et de remplir une page.

OOH, OOH, OOH ! UNE VOITURE DE POLICE ! JE FERAIS MIEUX DE RESTER AU MILIEU DE LA ROUTE TEL UN DAIM PARALYSÉ.
Et voilà donc le seul rôle de la vieille dame dans le livre : toujours se trouver au milieu de la route.

La scène où il faut stopper le collègue fou

Une autre scène indispensable. Le collègue a toujours une longueur d'avance – enfin, surtout ses poings. Bien sûr, le lecteur doit avoir compris à ce moment-là que le collègue a arrêté la mauvaise personne.

Ne vous fatiguez pas à écrire un bon dialogue. Vous pouvez user d'un style qui conviendrait à *Entrevue*.

La scène de sexe

Le plus effroyable dans les polars suédois, et ce qui explique peut-être qu'ils se vendent si bien, ce ne sont pas les meurtres, mais les scènes érotiques. Elles sont en général dépeintes avec la même délicatesse qu'un diagnostic gynécologique, et tellement gênantes que vous risquez de rougir si vous prêtez le livre à votre belle-mère.

Doivent figurer les choses suivantes :

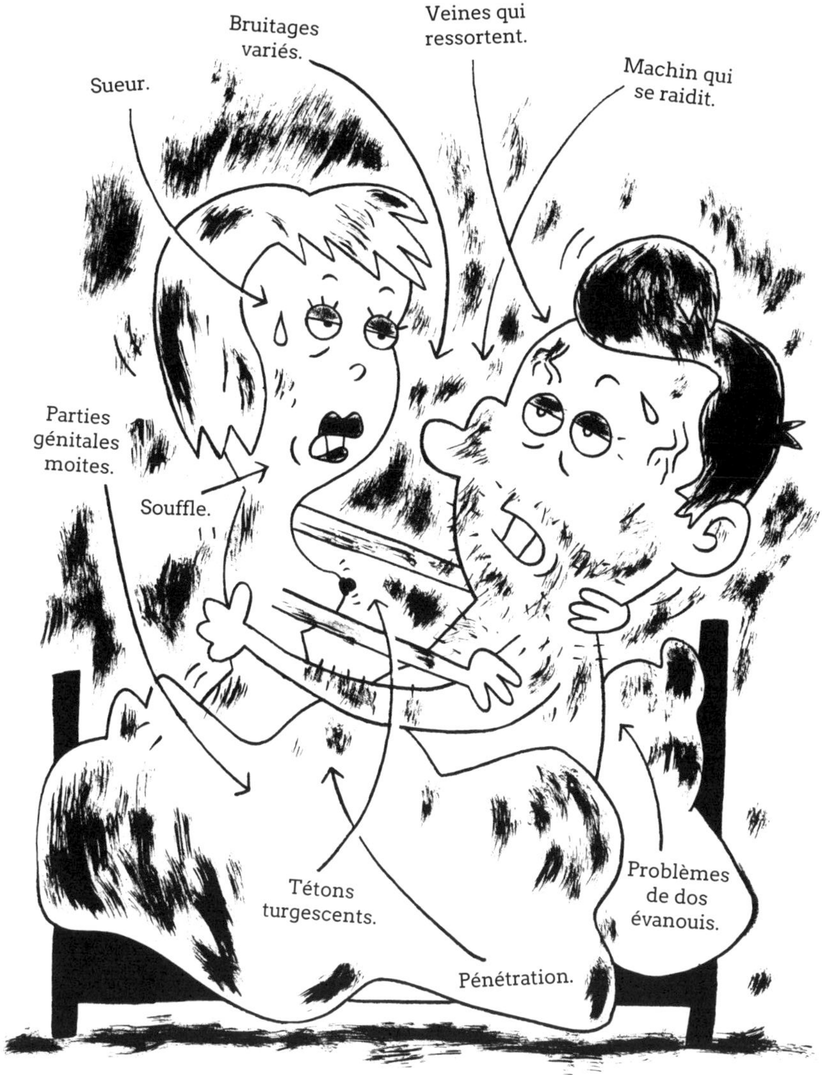

La scène de songe devant la fenêtre

Il y a toujours un moment où notre détective va se tenir devant une fenêtre, regarder dehors et songer à toutes sortes de choses : le fait qu'il lui faudrait trouver un créneau pour aller au lavomatic, la question de savoir s'il devrait ou non se remettre au badminton, les relations humaines, pourquoi il a arrêté le badminton et l'affaire de meurtre qui nous préoccupe.

Neige fondue
même en plein été.
A oublié de
l'arroser...
Il a tant de
choses à
faire.
Contre les
maux d'estomac.
Si le livre est adapté
en film, l'attirail devra être
montré au moins une fois
dans son entier.

La scène des relations familiales foireuses

Si notre détective avait pu consacrer tout son temps à son enquête, cette dernière serait déjà résolue à l'heure qu'il est. Mais nous n'aurions pas vraiment eu l'occasion de faire sa connaissance, ni de réfléchir à notre propre vie au regard de ses problèmes. C'est pourquoi toutes ces scènes poignantes importent tant.

La scène des feuilles qui tombent

Quand vous vous lancez dans des descriptions de feuilles qui tombent, le lecteur en conclut que vous savez vraiment écrire. Ces descriptions n'ont aucune signification – juste du remplissage –, mais si vous les répétez plusieurs fois, le lecteur va commencer à y lire des choses. Des choses que vous n'auriez vraiment pas été capable d'écrire vous-même.

La scène de l'enquête qui ne mène nulle part

Le collègue est encore plus en rogne que d'habitude et notre détective commence à être très fatigué.

Moment opportun pour une formule à la Paulo Coelho.
IL FAUT TÂCHER DE DÉCOUVRIR COMMENT TOUT VA FINIR POUR COMPRENDRE COMMENT TOUT A COMMENCÉ.
Toujours ce café.
Niveau estomac, ça ne va pas mieux.

La scène du hobby

Même lorsque notre détective est littéralement noyé sous le travail, il a toujours un moment à consacrer à quelque hobby mignon. Comme confectionner des mouches de pêche, fondre de petits soldats de plomb ou quoi que ce soit d'autre qui puisse faire renaître le doux souvenir de l'enfance.

La scène du boss qui part en congés

Incluez cette scène juste pour vous contraindre d'aller faire des « recherches » dans une gentille station balnéaire, que vous ferez bien sûr passer en frais professionnels.

Signalement d'un meurtre de moniteur d'équitation.
Signalement d'un meurtre de femme.
Signalement de violences abusives sur un cuisinier de sushis.
Plainte pour conduite négligente, déposée par une vieille dame.
Signalement de dommages pour la société de machines à café.
Formulaire pour la maison de retraite.
Déposition oubliée d'un témoin.

Répétez

Vous savez maintenant quelles scènes inclure absolument dans votre polar. Ce qui est formidable, c'est que vous allez maintenant pouvoir les répéter à l'infini. Pensez aux « trois petits cochons » : ce n'est vraiment pas plus compliqué que ça. Ici, nous allons donc administrer à notre détective un deuxième passage à tabac.

Et maintenant, un classique du polar suédois...

Meurtriers sans visage

Henning Mankell

(1991)

Meurtriers sans visage
À l'usage des personnes pressées
Un vieux couple a été assassiné. La femme a murmuré « Étranger » avant de mourir. Le détective Wallander se met en quête d'étrangers.
Les meurtres ont gonflé à bloc les groupes hostiles aux réfugiés, qui ruinent le travail des flics. Ces derniers semblent dans l'impasse.
Mais ils découvrent que le tueur a nourri le cheval du couple assassiné. Alors ils filent au marché de Kivik. Où ils arrêtent le tueur.

C'est le moment d'une leçon d'écriture

Personne, en entamant un polar, ne s'attend à lire la prose d'un prix Nobel. Alors ne visez pas cela. En d'autres termes : pas de formulations pesantes, et ne perdez pas de temps avec des descriptions littéraires. Si vous pensez à une cave sordide, vous pouvez simplement écrire « c'est une cave sordide ». Si quelqu'un ressemble à Richard Gere, écrivez seulement « il ressemble à Richard Gere ». La même chose s'applique aux meubles – contentez-vous de renvoyer au catalogue Ikea.

« ÅKE AVAIT LA DÉSAGRÉABLE IMPRESSION QUE SON CERVEAU ÉTAIT EMPLI DE VARECH. » BOH... « ÅKE AVAIT UN PUTAIN DE MAL DE CRÂNE. »
Chaque chapitre doit avoir un temps de lecture équivalent à une visite aux WC.
Précisez la marque de l'ordinateur, c'est important !

Revenons à Åke

Qu'est-ce que vous croyez : whisky et musique classique !

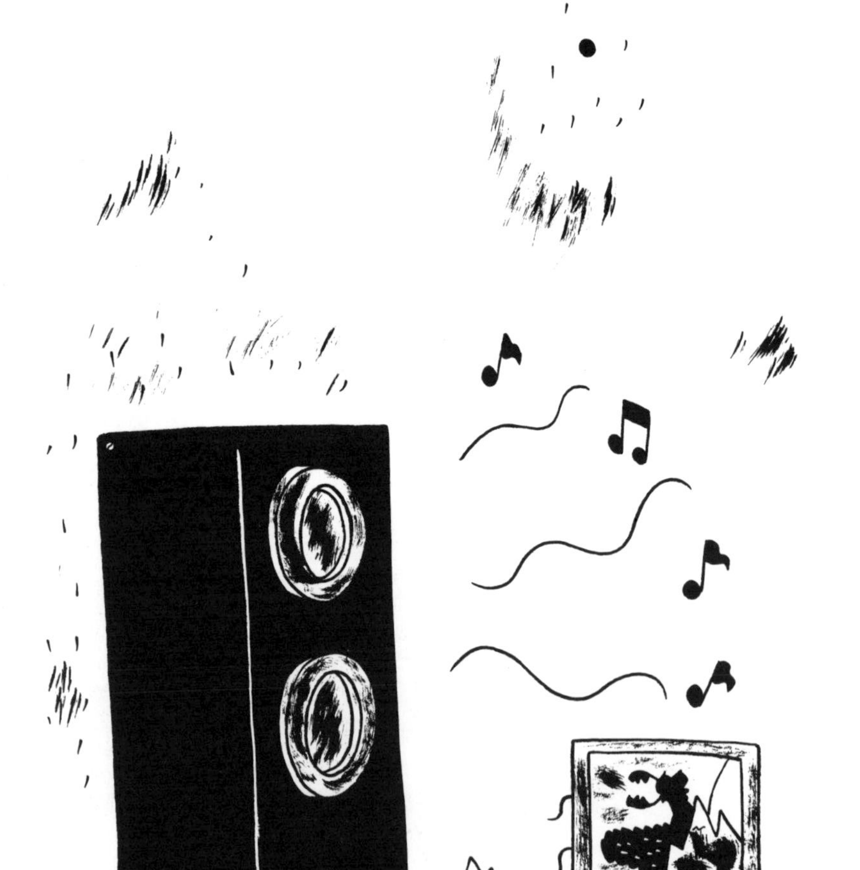

UN CHIEN...
JE DEVRAIS
PRENDRE UN
CHIEN.

Vous – spécialiste des enquêtes criminelles

Décrire le véritable fonctionnement d'une enquête pour homicide, en 160 pages, tient de l'impossible. C'est pourquoi vous allez devoir trouver le moyen d'accélérer le processus. Car, il faut bien l'avouer, vous n'avez aucune idée de la conduite réelle d'une telle enquête.

La meilleure façon de résoudre une enquête au plus vite est de donner à l'enquêteur des sortes de pouvoirs magiques. Cela peut être une sensation dans les tripes extraordinairement forte, la capacité de voir à travers les murs, l'hypnose, ou – comme le veut la bonne vieille tradition du polar suédois – une clairvoyance accrue par la gueule de bois qui débouche sur un moment de révélation.

Gueule de bois.
UNE FOURCHETTE... DU STAND DE HOT DOGS... EST-CE QUE ÇA VOUDRAIT DIRE QUE...
Un indice impossible à rater, du coup le lecteur se sent plus malin que le personnage principal.

J'AI BESOIN D'UN MANDAT POUR LA BARAQUE À HOT DOGS.
OUBLIEZ ! LA BARAQUE À HOT DOGS N'A RIEN À VOIR LÀ-DEDANS. TROUVEZ AUTRE CHOSE ET ON ÉVITERA DE PERDRE ENCORE UN ENDROIT POUR DÉJEUNER.
Han ! Une fourchette identique.
Un festin local.

BIZARRE... QU'EST-CE QUI POUSSE LE BOSS À PROTÉGER LE TYPE DES HOT DOGS ? IL AIME JUSTE SA CUISINE OU EST-CE QU'IL Y A QUELQUE CHOSE ENTRE EUX ?
Une histoire d'amour « bonus » est toujours bienvenue.
Sensation dans les tripes ou simple excès de café ?

Du côté du meurtrier

Si vous souhaitez donner une épaisseur psychologique supplémentaire à votre polar, vous pouvez à tout moment permettre au lecteur d'accéder aux pensées du meurtrier. Cela marche également en cas de panne d'inspiration ou si votre éditeur vous demande plus de pages.

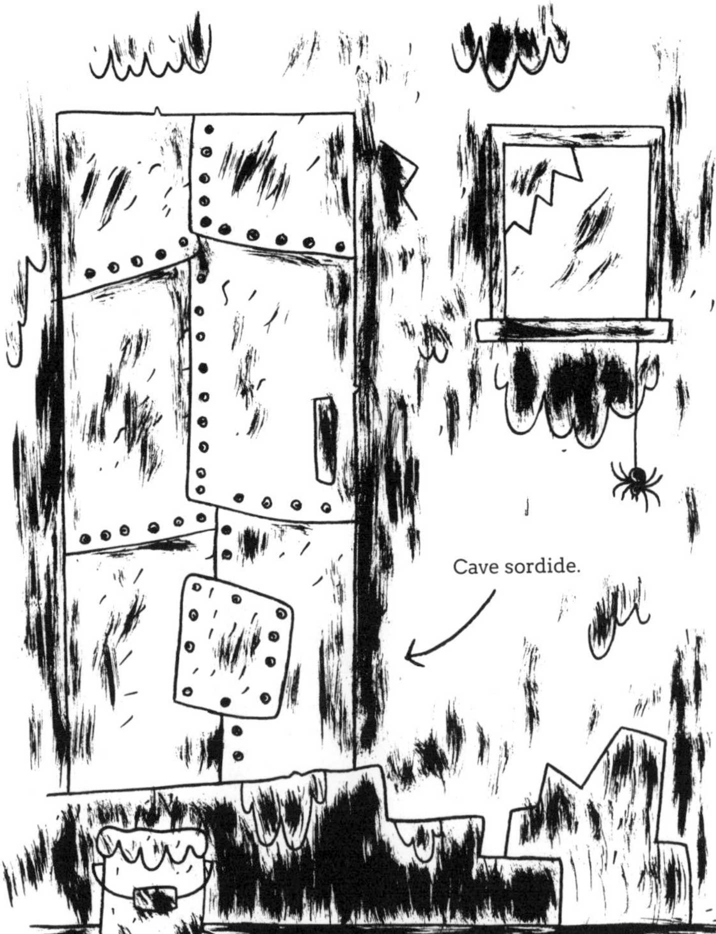

Le meurtrier semble avoir tout le temps du monde pour écrire de longues notes dans son journal à propos de tout et de rien et de ses pensées les plus intimes.
Pour une raison mystérieuse, ces pages doivent être mieux écrites que le reste du bouquin.

Des pages vides ? Il n'en est pas question. C'est ici que se déploie une mélancolie toute suédoise.

Le cliffhanger classique

JE VOUS RETIRE L'ENQUÊTE. ET PAR AILLEURS, ON VOUS SOUPÇONNE D'AVOIR FAIT FUITER DES INFORMATIONS À LA PRESSE. VOUS ÊTES VIRÉ.
MAIS QU'EST-CE QUE C'EST QUE CE DÉLIRE ?
Haleine parfumée au hot dog.

Et maintenant, un classique du polar suédois…

La Princesse des glaces

Camilla Läckberg

(2003)

La Princesse des glaces
À l'usage des personnes pressées
Eilert n'est pas heureux, et les choses ne s'arrangent pas quand il retrouve son amie Alex morte dans sa baignoire.
Erica et l'inspecteur Patrick enquêtent sur l'affaire. Il s'avère que c'est la mère d'Andes qui a tué Alex afin de pincer le pédophile de la ville.
À la fin, Eilert part vivre en Espagne.

Vous – auteur de polars

Nous voilà arrivés à la moitié de notre précis d'écriture de polars. Il est temps maintenant de penser à vous, en tant qu'auteur, et à la façon dont vous allez vous présenter. Soyez honnête avec vous-même. Vous souhaitez que ce livre sonne le glas de votre existence banale et qu'il soit un ticket d'entrée vers toutes sortes de mondanités. Ce qui augmentera les ventes de votre livre.

Alors commençons par ce que vous « faites dans la vie ».

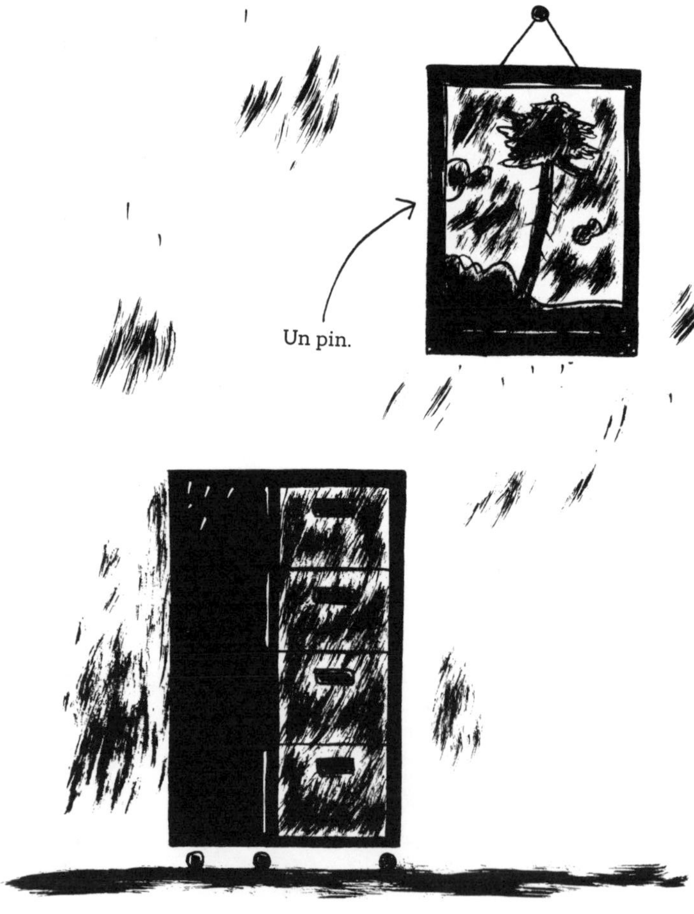

JE NE SUIS PAS SEULEMENT AUTEUR DE POLARS, JE SUIS AUSSI MÉDECIN.
Dans le meilleur des mondes.
Dire aux lecteurs que vous êtes, mettons, policier, médecin, avocat, plombier ou quoi que ce soit d'autre les amènera à avaler tout ce que vous pourrez écrire sans jamais rien remettre en question.

Autres livres

Dès que l'on vous en donnera l'occasion, parlez de vos centres d'intérêt personnels. Que vous aurez bien sûr intégrés à votre première histoire. Résultat, vous pourrez écrire d'autres livres...

... ou avoir une chance de parler des choses sur lesquelles vous souhaitiez écrire en premier lieu...

... ou, encore mieux : passer à la télévision.

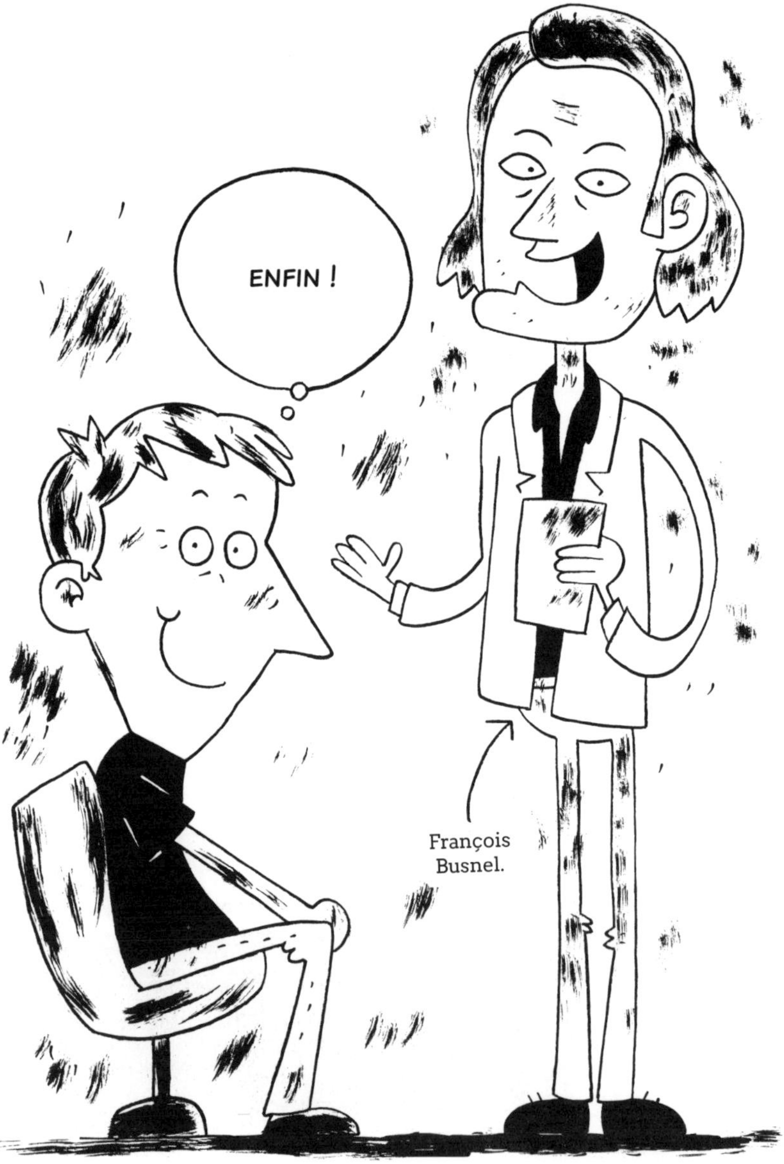

La meilleure chose qui puisse vous arriver en tant qu'auteur : un prix Nobel ? Non, mais peut-être une apparition dans *Qui veut gagner des millions*.

Vous profiterez bien sûr de l'occasion pour faire la promo de votre livre.

Revenons à notre détective

Oh non, Åke s'est fait virer. Mais quel genre de flic serait-il s'il cessait de penser à l'enquête pour un détail aussi trivial ?

LE TÉMOIN ! JE N'AI PAS OUBLIÉ LE TÉMOIN.
Réfléchit à fond les ballons.
Nouvelle scène de songe devant la fenêtre.
Plein de sensations dans les tripes.
La plante a rendu l'âme, ce qui signifie sûrement quelque chose.

De retour au travail

MAIS POURQUOI EST-CE QUE QUELQU'UN VOUDRAIT SA MORT ? IL Y A QUELQUE CHOSE QUI SE TRAME. SI SEULEMENT TU POUVAIS PARLER... MAIS JE VAIS M'OCCUPER DE TOI, OH OUI, JE VAIS M'OCCUPER DE TOI.
AAAOOOOO
Unique occasion où Åke se comporte en véritable héros.

La tension monte

Et pour remplir de nouvelles pages, nous allons de nouveau nous attarder un peu sur le meurtrier.

Là, le meurtrier peut songer longuement à qui est du côté du bien et qui est du côté du mal. Parsemez tout ça d'un peu de philosophie.

Et maintenant, un classique du polar suédois…

Horreur boréale

Åsa Larsson

(2003)

Horreur boréale
À l'usage des personnes pressées
Rebecka se rend à Kiruna pour aider son amie Sanna, accusée à tort du meurtre du pasteur d'une étrange église.
Mais Sanna n'était pas la coupable. C'étaient trois autres pasteurs.
Rebecka les tue tous les trois.

La grande réflexion

À un moment donné, il va falloir un twist dans l'enquête. Vous laissez le commissaire tout récapituler encore une fois, mais il doit y avoir un élément inconnu qui va résoudre l'affaire. Quelque chose de complètement inattendu. Par exemple, un chien.

S'il y a adaptation en film, la cigarette fera un bon indice pour montrer qu'on est dans les années 1970.

La médecin légiste

Aucun polar qui se respecte ne saurait se passer de son intervention.

HÉ, BOSS, VOT' CHIEN A PRIS UNE BOUCHÉE DE MON HOT DOG ET IL A VRAIMENT PAS L'AIR BIEN...
Le collègue a enfin l'occasion de montrer son côté sensible.

La course contre la montre

Ce moment de suspense, à l'instar de la scène de conduite à grande vitesse, permet d'énumérer divers hauts lieux de la ville.

Ça y est, il est enfin motivé pour trouver le coupable.
AH NON, PAS UNE NOUVELLE VICTIME !
Court uniquement dans les situations critiques.
Tache de moutarde.

Le dénouement est proche

Même si vous approchez de la fin de l'histoire, vous pouvez encore écrire des scènes de relations familiales foireuses.

ON L'ENVOIE À L'HOSPICE, TOUT DE SUITE !

Le dénouement est encore plus proche

Observez et apprenez : elle prend des notes pour son futur polar.
Pour ceux qui n'ont toujours pas saisi : le chien est mieux pris en charge que bien des personnes âgées – critique sociale.

Et maintenant, un classique du polar suédois…

L'As des détectives

Astrid Lindgren

(1946)

L'As des détectives
À l'usage des personnes pressées
Kalle soupçonne le cousin de la maman d'Eva-Lotta d'être un bandit.
Et c'est le cas – c'est un voleur de bijoux.
Kalle l'attrape et reçoit une grosse récompense.
1000

Le dénouement est imminent

Manifestement, le chien s'en est tiré. Il est une pièce cruciale du puzzle dans la résolution de l'affaire. Chers lecteurs, vous l'avez probablement compris – mieux que le commissaire Åke –, nous approchons de la fin.

En train de
se débarrasser
d'un trophée.

Le dénouement est... parti en fumée

Finalement, voici venu le moment de l'inéluctable explosion. Peu importe ce qui explose. C'est juste qu'il y a une explosion. Il est important d'inclure cette scène dans le livre car elle sera à coup sûr reprise dans le film. Mais comment tout cela va-t-il finir pour notre détective ? Cliffhanger !

Combien de livres pouvez-vous écrire ?

L'objectif du premier livre est qu'il provoque une avalanche d'aubaines : adaptations au cinéma, livres de recettes, préquels et séquels, livres audio, traductions, adaptations au théâtre et petits livres d'humour mettant en scène un mini-Åke.

Si avec tout ça vous ne pouvez pas vous permettre de quitter votre boulot ni de déménager dans un autre pays, alors il va falloir écrire d'autres livres, et le faire bien.

L'astuce, c'est de dire que vous n'écrirez que trois livres. Du coup, les lecteurs deviendront fous quand vous en sortirez trois autres. Mais n'en faites jamais plus de dix. Ce n'est pas classe et le public va penser que vous êtes une usine à polars.

MAISON... ESPAGNE... À VENDRE... JE CROIS QUE MON PROCHAIN LIVRE SE PASSERA À... BARCELONE !

Alors, c'est la fin ?

Affaire classée

Il est une chose aussi impérative que les scènes de sexe et d'explosion : le boss doit toujours classer l'affaire avant qu'elle ne soit résolue. Et notre détective peut alors passer plus de temps avec sa famille et ses amis.

PAPA,
TU VAS AVOIR
UNE BELLE VIE À
LA MAISON DE
RETRAITE.
A rendez-vous
avec la journaliste.
S'est rasé.
Carrément ravi.

Placement de produits

Vous avez probablement remarqué que de nombreuses marques ont été mentionnées au cours de ce livre. Les polars étant censés dépeindre la vraie vie, il est normal que vous puissiez désigner les produits par leurs vrais noms. Et si l'entreprise qui les fabrique souhaite vous sponsoriser d'une façon ou d'une autre, eh bien, c'est comme ça que ça marche dans la vraie vie.

Statoil.
iPhone.
Volvo.
Converse.
Levi's.

La grande révélation

Comme nous l'avons avancé précédemment, il est probable que vous ne connaissiez pas grand-chose aux méthodes d'investigation de la police. C'est pourquoi notre détective s'est vu doté d'un sixième sens et d'une extraordinaire capacité à avoir des sensations dans les tripes, ce qui va l'amener à vivre, à la fin du livre, une soudaine expérience révélatrice et à résoudre l'enquête.

DANS MON LIVRE, ON PARLE BEAUCOUP DE SAUCISSES DE FRANCFORT ET DE CHEVAUX. NOTRE RÉPONSE EST DONC « L'ÉCOLE D'ÉQUITATION ESPAGNOLE ».

Le dénouement

Une fois que vous tenez votre solution, elle devra être révélée aux collègues dans le contexte le plus inadéquat possible.

OH, NON !
ENCORE ?

La poursuite finale

Ils arrivent toujours pile-poil au moment où le criminel allait déguerpir.

L'arrestation

Durant la poursuite, notre héros doit toujours se blesser.

Le collègue donne une brève leçon de morale et d'éthique.
Il y va clairement un peu trop fort.
TU DEVRAIS PAS TUER LES PETITES FILLES NI MANGER DE VIANDE, TU PIGES ?

L'interrogatoire

DONC VOUS AVOUEZ AVOIR TUÉ LA FILLE ET NOYÉ CE TYPE DANS LE LAC. SI C'ÉTAIT JUSTE POUR VOUS FAIRE PLUS DE MARGE SUR VOS HOT DOGS, VOUS ALLEZ AVOIR DE GROS PROBLÈMES.

Conférence de presse

Serre les
poings dans
ses poches.

La fin

Il semblerait que les aventures de notre commissaire Åke touchent à leur fin. Alors, c'est le moment de résumer : comment écrire un polar suédois sans se fatiguer ? Personne ne vous demande de réinventer la roue. Le plus simple est de s'inspirer de cette bonne vieille tradition des mariages anglais : « *Something old, something new, something borrowed, something blue.* »

Prenez quelque chose de vieux, changez quelques détails, ajoutez-en de nouveaux, empruntez quelques trucs à d'autres – et vous aurez votre polar. Mais comme il s'agit de polar suédois, il faudra y aller fort sur le *blue*, que l'on comprendra ici dans le sens de « déprimant ».

Le coup de téléphone

Alors que tout semble revenu dans l'ordre, il y a toujours ce satané coup de fil dont personne ne veut.

VENEZ VITE. J'AI TROUVÉ QUELQUE CHOSE.
La médecin légiste.

La révélation (bis)

Pas facile d'être détective dans un polar suédois. Il faut toujours qu'il y ait un twist déprimant.

LA DISSECTION DU CADAVRE DE LA FILLE A RÉVÉLÉ DES TRACES DU SANG DU MONITEUR D'ÉQUITATION. COMMENT VOUS EXPLIQUEZ ÇA ?

Comment booster les chiffres

Vendre beaucoup de livres, voilà qui ne fait jamais de mal. En général, les chiffres de ventes vont de pair avec votre notoriété. Pour attirer l'attention sur vous, vous pouvez, par exemple, tenir un blog, participer à des débats, coucher avec la bonne personne, provoquer un scandale, multiplier les interviews, recevoir des prix... et bien d'autres choses encore.

PAR EXEMPLE, SI VOUS DÉCÉDIEZ, LÀ, ÇA FERAIT DÉCOLLER LES VENTES.

Et maintenant, un classique du polar suédois…

Millénium I :
Les hommes qui n'aimaient pas les femmes

Stieg Larsson

(2004)

Millénium I
Les hommes qui n'aimaient pas les femmes
À l'usage des personnes pressées
Blomkvist, accusé de diffamation à l'encontre du financier Wennerström, est engagé par Vanger pour retrouver sa nièce Harriet.
Grâce à Salander, hackeuse de génie, Blomkvist trouve Harriet...
... et ensuite, il se paye Wennerström.

L'arrestation (bis)

C'EST DES CONNERIES ! VOUS ESSAYEZ JUSTE DE ME FAIRE COFFRER. VOUS CROYEZ QUE JE VOIS PAS CLAIR DANS VOTRE JEU ? CETTE FILLE EN AVAIT APRÈS MOI !
Sanglote.

Les remerciements

Les livres de sciences humaines se terminent toujours par une longue bibliographie qui montre que l'auteur s'est bien documenté. Rien de tel dans les polars. Néanmoins, ces derniers comportent une liste de remerciements adressés aux personnes qui, d'une façon ou d'une autre, ont été impliquées dans le processus créatif. Là, mentionnez des docteurs, des policiers, etc., et vous donnerez l'impression d'avoir fait des recherches.

Vous pouvez également remercier ceux que vous aimez, c'est toujours touchant. Sans oublier des locaux, si vous souhaitez avoir le prix de la ville et gagner des sponsors.

JE VOUDRAIS JUSTE REMERCIER CE PRODUCTEUR DE HOT DOGS.
A englouti environ 280 saucisses de Francfort pendant l'écriture de ce livre.

Le grand secret

Ainsi s'achève l'histoire de la fillette assassinée. Åke n'a plus qu'à espérer que jamais personne ne découvre la vérité.

JE SUIS SI HEUREUX QUE TU NE PUISSES PAS PARLER ET DONC RACONTER À TOUT LE MONDE QUE LA FILLE A TUÉ SON MONITEUR D'ÉQUITATION PARCE QU'IL AVAIT VENDU SON CHEVAL PRÉFÉRÉ POUR QU'ON EN FASSE DES HOT DOGS. SES PARENTS N'ONT VRAIMENT PAS BESOIN DE SAVOIR.

Tout est bien qui finit bien ?

Attendez une minute, on ne peut pas terminer ainsi sur un happy end. Placez un indice annonçant une suite, et là, vous avez fini d'écrire votre polar à succès. Bonne chance !

CE QUE JE VEUX ? JE VEUX QU'ÅKE ASSUME LES CONSÉQUENCES DE SES ACTES, TOUT COMME VOUS. ET JE PENSE QUE VOUS POUVEZ M'AIDER.
Enceinte.

ÅKE CROIT QU'IL S'EN TIRERA TOUJOURS. VOUS SAVEZ, LA CICATRICE QU'IL A SOI-DISANT EUE LORS DE LA FUITE DES TRAFICANTS DE GHB ? IL SE L'EST FAITE LUI-MÊME...
Tatouages, gonflette pendant la prison : il est en colère.

Je remercie :

Le véritable commissaire Åke Larsson
Rolf et Thomas des éditions Kartago
Lena de Grand Agency
Ma belle-mère, pour tous ses tuyaux sur le polar
La bibliothèque de Bollebygd

et aussi

H. Karlssons Charcuterie AB, parce qu'ils
ne trichent jamais avec leurs hot dogs.

Henrik Lange est né en 1972 en Suède. Il commence sa carrière dans l'illustration et la bande dessinée au cours des années 1990 et réalise de nombreux livres pour enfants. En 2000, il publie un roman graphique semi-autobiographique, *En natt helt i rosa* (« Une nuit tout en rose »), puis coécrit, avec Thomas Wengelewski, *90 livres cultes à l'usage des personnes pressées*, qui connaît un grand succès en Suède et à l'étranger. Il publie ensuite *90 films cultes à l'usage des personnes pressées*, *90 autres livres à l'usage des personnes pressées* et entame, avec *August Strindberg à l'usage des personnes pressées*, une série consacrée aux grands auteurs de notre temps. Henrik Lange vit en Suède, où il prépare les prochains livres de la série « ... à l'usage des personnes pressées ».

Du même auteur :

90 livres cultes à l'usage des personnes pressées (çà et là, 2010)
90 films cultes à l'usage des personnes pressées (çà et là, 2010)
90 autres livres cultes à l'usage des personnes pressées (çà et là, 2011)
August Strindberg à l'usage des personnes pressées (çà et là, 2012)
Émile Zola à l'usage des personnes pressées (çà et là, 2013)